錦秋の裏岩手。美しい眺めがどこまでも続く

八幡平

秋田駒ヶ岳

初夏の「ムーミン谷」はチングルマの群落が谷を覆う

女岳から仰ぐ男岳の鋭峰

三ツ石山からの眺め　❷烏帽子岳の千沼ケ原　❸烏帽子岳山頂からの眺め
秋田駒ヶ岳の大焼砂から見たムーミン谷　❺八幡平の広大な湿原を貫く木道　❻八幡平に広がる豊かな森

新＊いわて名峰ガイド

八幡平 & 秋田駒ヶ岳

＊本書について

■本書の地図は国土地理院電子地形図25000（岩手山周辺）をもとに編集・掲載しています。

■各コース及びコースマップの時間は休憩時間をのぞいた参考時間です。登山初心者が無理なく歩ける時間を想定しています。天候などで大幅に所要時間が変わることがあります。

■コースマップ上に付記したポイントは目安です。

⑥

⑤

④

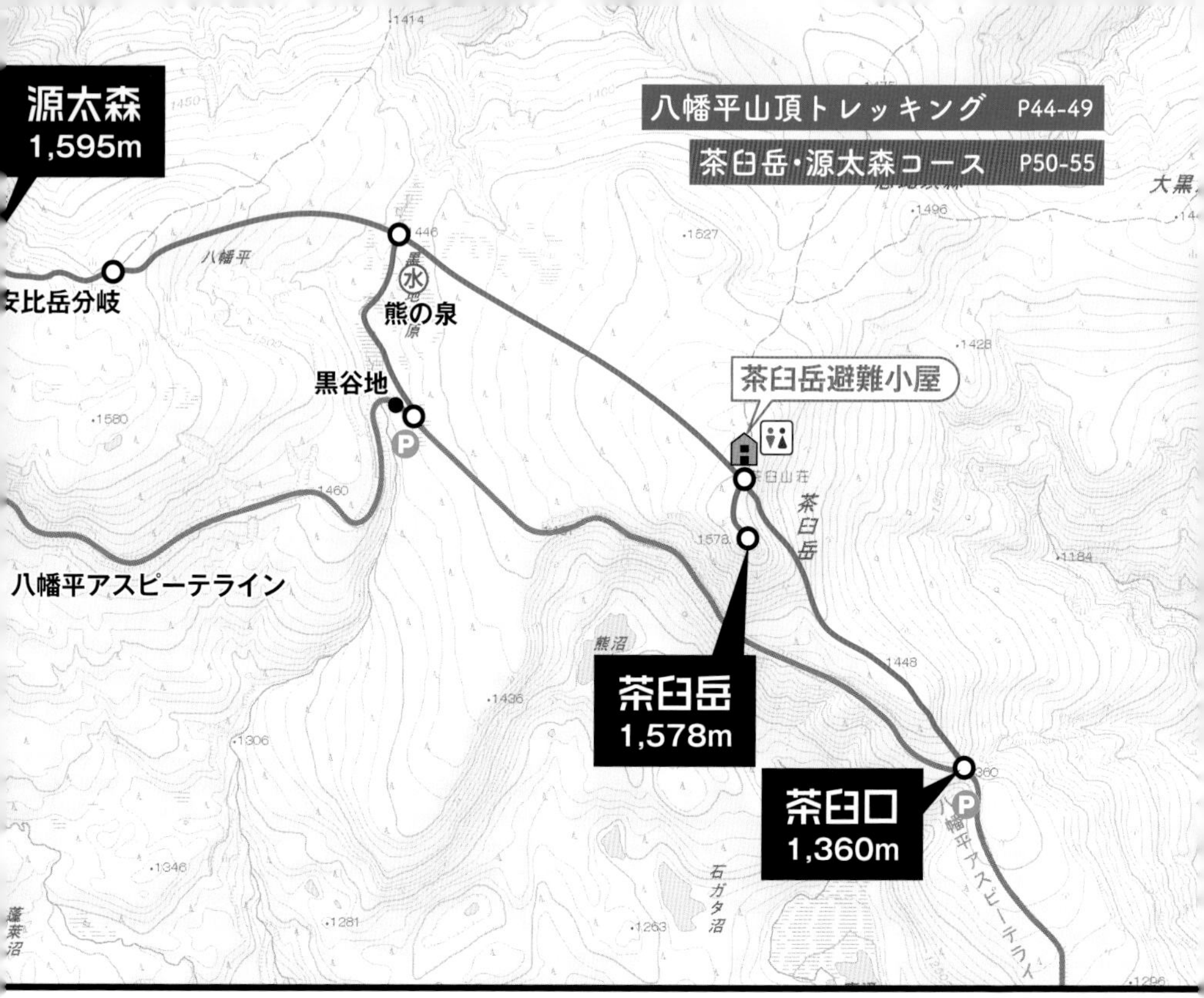

八幡平MAP

＊ 八幡平 DATA

■標高：1613メートル
■安山岩の成層火山群
■奥羽山脈
日本百名山／花の百名山／新・花の百名山／東北百名山
■主な登山コース
裏岩手連峰縦走コース／八幡平登山口周回コース／茶臼口コース

八幡平は岩手県と秋田県にまたがる広大な高地で、奥羽山脈北部に位置する。八幡平山頂（1613メートル）を中心に、東の茶臼岳（1578メートル）、南の畚岳（1578メートル）、西の焼山（1366メートル）などが含まれている。

1956（昭和31年）に十和田八幡平国立公園に指定された八幡平には、高層湿原と湖沼が多数点在しており、中でも山頂にある八幡沼やガマ沼、メガネ沼は、9000～5000年前の水蒸気爆発の火口が沼となったもので、さまざまな高山植物が楽しめるほか、三ツ石山の紅葉など見どころが多い。山頂はよく整備されており、トレッキングを楽しむ人々でにぎわっている。

裏岩手連峰登山口
畚岳
1,577m
諸桧岳
1,516m
前諸桧
1,481m
八幡平樹海ライン
八幡平市
嶮祖森
1,448m
仙北市
大深山荘
大深湿原
大深岳
1,541m
源太ヶ岳
1,545m
八瀬森分岐
小畚山
1,467m
裏岩手連峰縦走コース　P14-43
三ッ沼
1,391m
三ツ石山
1,466m
三ツ石湿原
三ツ石山荘
雫石町
分岐点
源太ヶ岳
登山口
峡雲荘
三ツ石
登山口
松川荘
八幡平
1,613m
陵雲荘
藤助森
展望台
メガネ沼
八幡沼
ガマ沼
鏡沼
見返峠
八幡平登山口
八幡平山頂レストハウス
藤七温泉

裏《うら》岩《いわ》手《て》連《れん》峰《ぽう》縦《じゅう》走《そう》コース 前半

大展望が魅力の奥羽山脈を代表する縦走路前半

裏岩手連峰登山口
▼0:30
畚岳
▼1:10
諸桧岳
▼0:40
前諸桧
▼0:40
嶮岨森
▼1:00
大深山荘
▼0:40
大深岳
▼

裏岩手連峰登山口ー大深岳▼4時間40分

Uraiwate renpo

八幡平と岩手山をつなぐ尾根道を裏岩手縦走路と呼び、奥羽山脈を代表する縦走路の一つとして多くのハイカーに親しまれている。登山口は八幡平の見返峠《みかえりとうげ》近くにある藤七《とうしち》温泉から少し登ったところにあり、今回は三ツ《みつ》石山《いしさん》を経由して松川温泉に下山するコースを紹介しよう。松川温泉よりも藤七温泉の標高が高いため、コース全体の標高差は下りの方が大きいのが特徴だ。

アップダウンを繰り返しながら続く縦走路は、前半

特徴的な畚岳から大深岳へと続く裏岩手縦走路前半（茶臼岳より撮影）

八幡平樹海ライン沿いにある縦走路の入り口から畚岳が見える

部分の大深《おおふか》山荘までで約7キロ、後半の三ツ石山荘を経て、松川温泉まで約7キロの合計約14キロで、累積標高差は約1000メートルとなる。大きな登りはなく、大半は100メートル程度の標高差を歩くことになる。

大深山荘と三ツ石山荘の近くでは湧き水をくむことができるが、湧き水は枯れることがあるので、水を持参して登ること。

起点となる登山口のスペースは段差が大きく、駐車場の扱いとなっていないため、八幡平山頂レストハウス下の見返峠にある駐車場を利用するとよい。まずは登山口から見える鋭峰、畚岳《もっこだけ》（1577メートル）を目指そう。

スタートから展望に恵まれ、西には森吉山《もりよしざん》の姿が大きく見えるほか、振り返れば八幡平山頂も眺められる。緩やかに高度を上げていくと畚岳山頂への分岐が現れるので、右折して山頂を目指す。10分程度の道のりだが、急坂なのでゆっくり焦らずに登っていこう。

岩手山を背にして進むと、縦走路最初のピークである畚岳の山頂にたどり着く。展望に優れ、縦走路が続く尾根やピークを見渡すことができる。

畚岳から八幡平を振り返る

畚岳山頂を後にして縦走路に戻ったら、次のピークの諸桧岳《もろびだけ》（1516メートル）を目指す。畚岳山頂から標高差約120メートルを下ると最低鞍部《あんぶ》となり、そこから約60メートルの標高差を登る。ここでは岩手山や秋田駒ヶ岳の展望はもちろん、八幡平エリアらしいオオシラビソを眺めながら、静かな森歩きが楽しめる。畚岳からおよそ1時間で諸桧岳

鋭角にそびえる畚岳の美しい山容

登山口から畚岳までの往復でも景色や花、紅葉を存分に楽しめる

岩手山を背に畚岳の急登を歩く

畚岳から奥羽山脈最高峰の岩手山を望む

なだらかな斜面を下り畚岳から諸桧岳を目指す

に到着だ。

諸桧岳のピークは登山道上にあり、山名板（山頂標識）を過ぎると展望が開ける。次に目指すのは三つ目のピーク、前諸桧《まえもろび》（1481メートル）だ。展望の良い、なだらかな尾根道を下っていくと、最低鞍部に石沼があり木道が敷設《ふせつ》されているが、木道の傷みが激しいので足元には注意が必要だ。タイミングによって水量が変化するため、ぬかるみや水没に注意したい。前諸桧も諸桧岳と同じく登山道上に山頂があり、諸桧岳からは40分ほどで到着する。

四つめのピーク、嶮岨森《けんそもり》（1448メートル）を目指して歩き出すと、その奥に秋田駒ヶ岳が大きく見え、岩手山と手前にある源太ヶ岳《げんたがたけ》、大深岳《おおふかだけ》の連なりに向かうように縦走路が続いている。左手に岩手山、右手に秋田駒ヶ岳というぜいたくな景色を眺めなが

らの縦走は、至福のひととき
でもある。
　前諸桧から下って嶮岨森との鞍部を過ぎると、東側が断崖になった斜面の登り返しとなる。ここは少し急で道幅が狭いため、足元に気を配り、風にあおられないよう注意しながら進もう。
　展望抜群の嶮岨森から岩

畚岳と諸桧岳の鞍部はオオシラビソの森だ

鞍部から畚岳を振り返る

前諸桧に向かう途中に振り返ると右に畚岳が見える

手山に目をやると、眼下に鏡沼が見える。空の色を映した水面が、息を飲むほど美しい。その神秘的な景色に後ろ髪を引かれる思いで先へ進む。

　嶮岨森を下って大深岳（1541メートル）の鞍部を目指し歩き始めると、オオシラビソの森の中に入る。ここはなだらかな地形で、周辺は木道が敷設された湿地になっている。木道を進みながら緩やかに高度を上げてい行くと、大深山荘の前に出る。この時点での天候や時刻次第で、縦走計画の変更も検討したい。トイレが利用できるので、ここを少し長めの休憩ポイントにしよう。

東面が断崖になった嶮岨森の山容

左の岩手山、右の秋田駒ヶ岳に挟まれるように縦走路が続く

前諸桧の手前にある石沼

前諸桧から嶮岨森をのぞむ

山荘を出ると、道が二つに分かれている。まっすぐ進むと大深岳山頂へ、左に進むと大深湿原と水場に出る。水をくめる貴重な場所であると同時に、大深湿原の美しいお花畑も見逃せない。ここはぜひ、左に進路を取りたい。なお、縦走計画を断念する場合や、前半と後半に分けて歩きたいときには、この分岐から大深湿原を経て松川温泉へつながる源太ヶ岳登山口へと下る。大深湿原はそれほど大きくはないが、季節の花々がたくさん咲く美しい草原で、豊かな水もたたえている。大展望に圧倒された縦走路とは異なり、静かで穏やかな雰囲気に包まれた憩いの場所だ。

森の中に建つ大深山荘

大深山荘から水場のある大深湿原に進む

峻岨森の東側には鏡沼がある

大深湿原にある水場でのどを潤し、飲料水を補給する

花の季節にはぜひとも訪れたい大深湿原

峻岨森からは山形、秋田の県境にそびえる鳥海山が見える

敷設された木道を歩き、水場を過ぎると少しの登り坂がある。登り返しの途中に分岐があり、左に下ると松川温泉に通じる。ここは右に登って大深岳へ。やがて大深山荘からの道と交わり、この合流点を左折して見晴らしの良い笹原を進めば、そこが大深岳山頂だ。

〈裏岩手縦走路後半に続く〉

山小屋情報

大深山荘（大深岳避難小屋）

2003年に改装された避難小屋で、5分ほど歩いた場所にある水場でおいしい水が補給できる。

- 収容人数　約15人
- トイレあり
- 無料解放
- 通年利用可

▶問い合わせ　八幡平市　商工観光課
TEL.0195-74-2111

＊大深湿原ー源太ヶ岳登山口

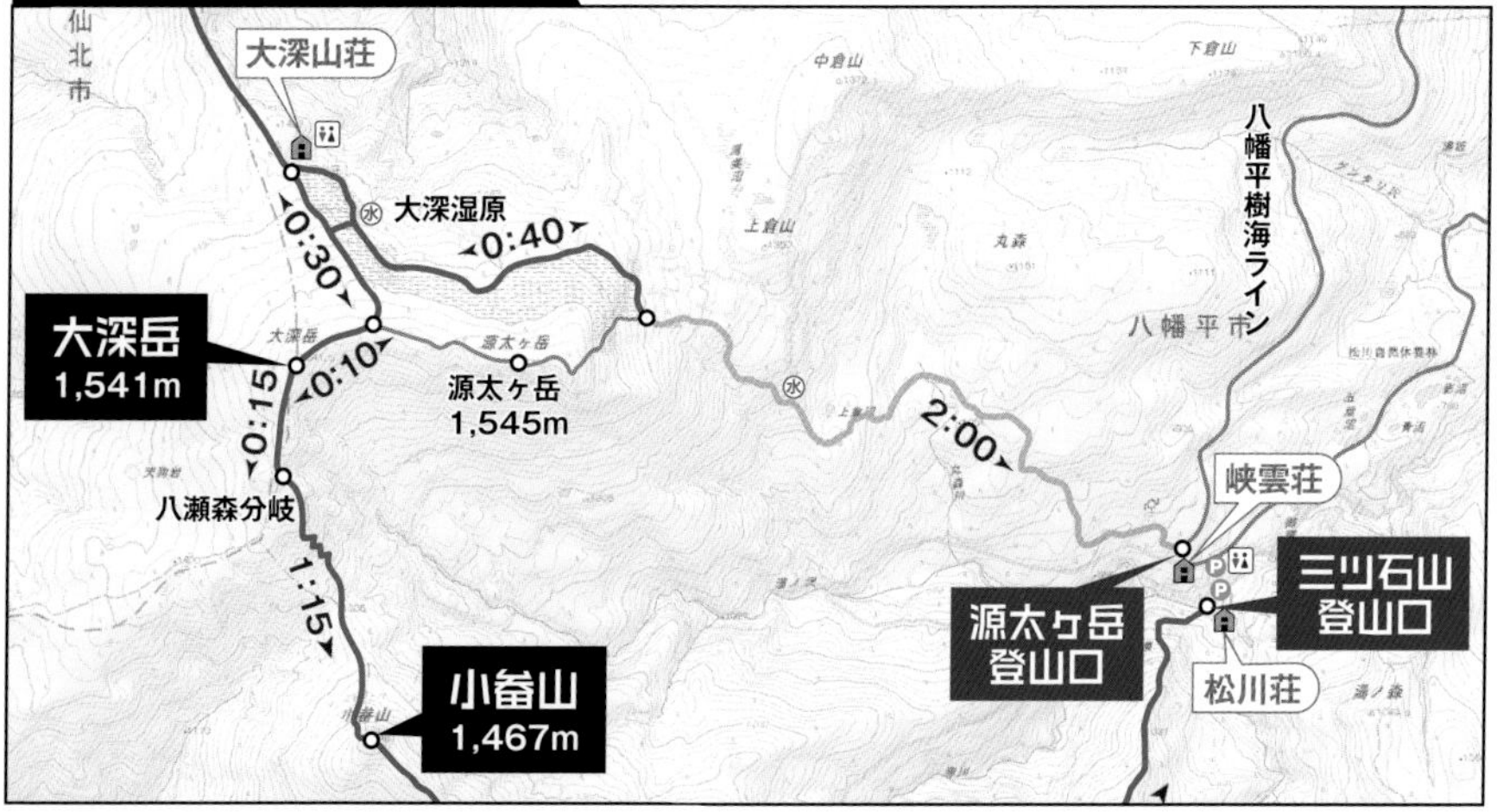

＊コースマップ

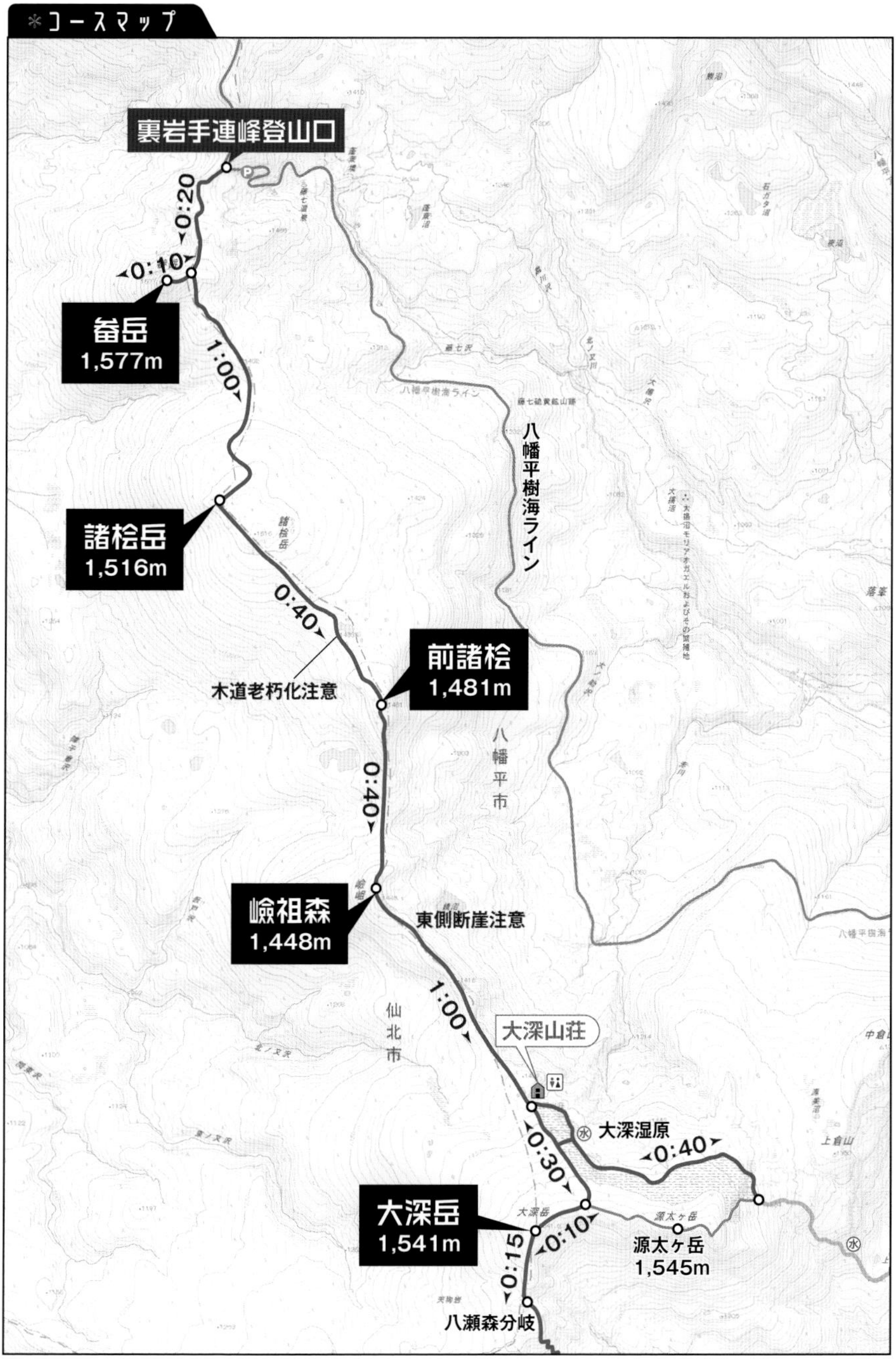
裏岩手連峰登山口
0:20
0:10
畚岳
1,577m
1:00
諸桧岳
1,516m
0:40
木道老朽化注意
前諸桧
1,481m
八幡平樹海ライン
八幡平市
0:40
嶮祖森
1,448m
東側断崖注意
1:00
仙北市
大深山荘
大深湿原
0:40
0:30
大深岳
1,541m
0:10
源太ヶ岳
1,545m
0:15
八瀬森分岐

裏岩手連峰縦走コース 後半

花と紅葉の名峰三ツ石山へと連なる縦走路後半

大深岳
▼1：30
小畚岳
▼1：10
三ツ石山
▼0：30
三ツ石山荘
▼0：50
分岐点
▼0：50
三ツ石山登山口
▼

［大深岳―三ツ石山登山口▼4時間50分］

Uraiwate renpo

裏岩手縦走路の後半は、大《おお》深岳《ふかだけ》山頂を過ぎて、岩手山に向かうように歩を進める。これまでも素晴らしい大展望の連続だったが、実はここからが裏岩手縦走路の醍醐味《だいごみ》だ。

ただし、大深岳から三ツ石山までは身を隠せる場所が少ないため、強風や雷にはくれぐれも注意したい。強風にあおられての低体温症や落雷による落命など、極めて危険な状況に陥りやすい地形が続く。これを十分に踏まえた上で、可能な限り天候の良

なだらかな道を歩き大深岳へ向かう

い日に縦走計画を実行しよう。
　大深岳から展望の良い下り坂を進んで行くと、すぐに

展望抜群の八瀬森分岐は岩手山に向かうように左側の道へ進む

源太ヶ岳との分岐では右折して大深岳へ向かう

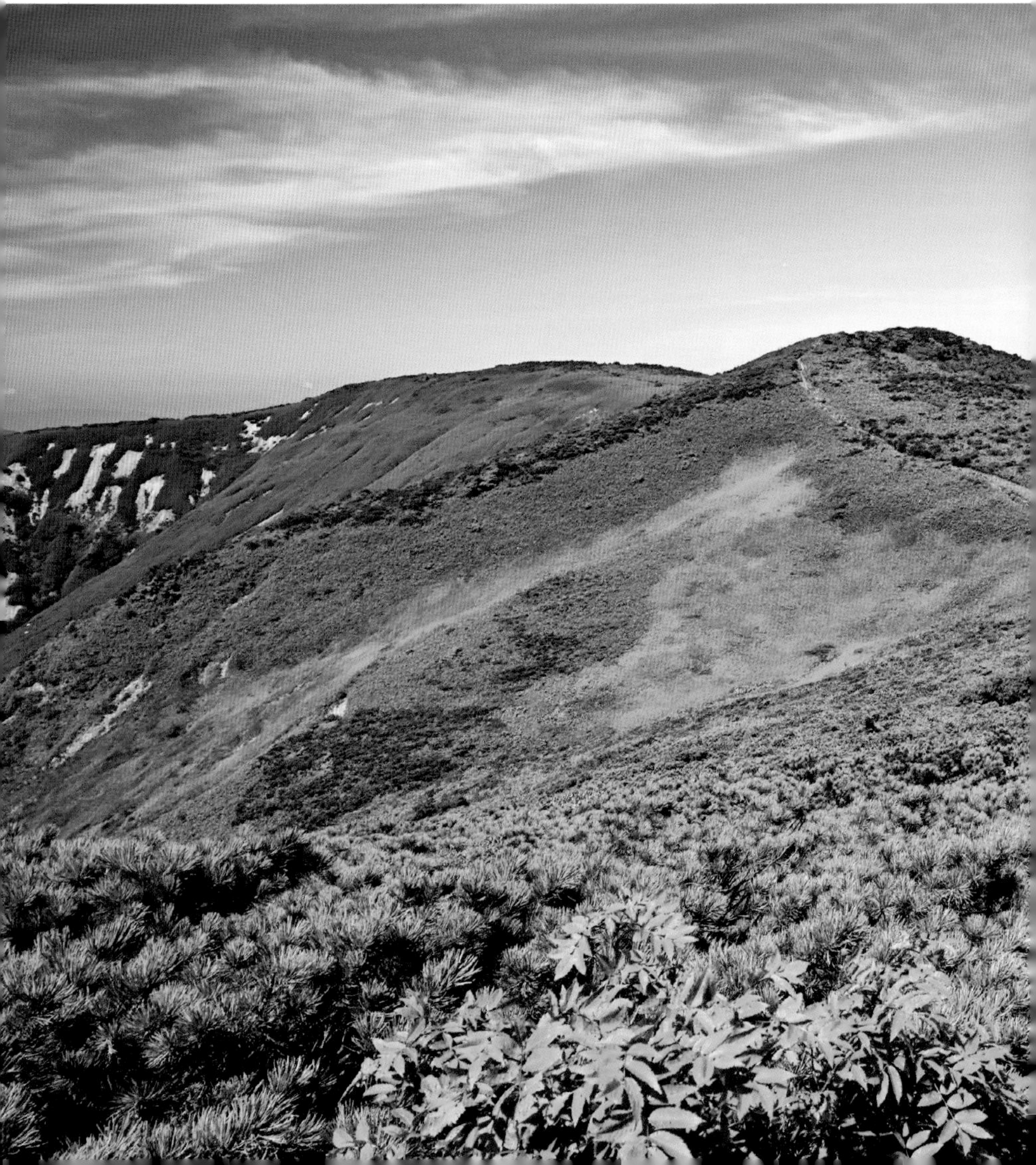

小畚山への登りは後半部のヤマ場となる

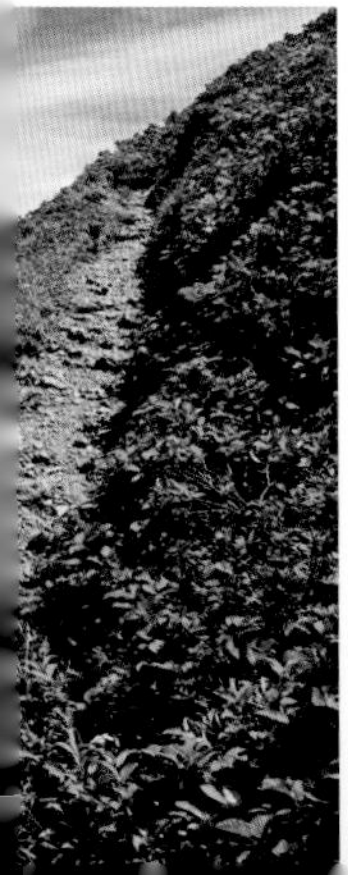

分岐点へ出る。八瀬森《やせもり》分岐の名があり、右へ進むとはるか先の八瀬森に通じる。ここでは岩手山に向かって、分岐を左へ進む。源太森《げんたもり》と大深岳の連なりを背にして急坂を下る。つづら折りの道でいくらか傾斜が緩和されている。転倒に注意しながら鞍部《あんぶ》までたどり着くと、今度は急な登り返しが待っている。これは、裏岩手縦走路における屈指の急坂だ。畚岳《もっこだけ》から歩いてきたハイカーにとっては、非常に苦しい坂となるだろう。

　小畚山《こもっこやま》（１４６７㍍）の頂に立つと、ようやく苦しい登りから解放される。大きな達成感とともに、眼前に広がる景観を堪能しよう。ここから先は、緩やかで展望抜群の尾

重厚感のある大深岳と源太ヶ岳の連なり

源太ヶ岳を左手に見ながら小畚山を登る

源太ヶ岳から眺める裏岩手縦走路後半の全容

根道が三ツ石山まで続いていく。
　小畚山を過ぎると、三ツ石山の手前に無名のピークが一つあり（1448メートル）、ここを越えると三ツ沼が現れる。三ツ沼周辺の木道を過ぎ、笹原から灌木《かんぼく》帯へ変わって大きな岩が目立つようになると、いよいよ縦走路最後のピークである三ツ石山（1466メートル）が近い。
　三ツ石山の頂は、大きな岩の上にある。その大岩に乗ると、これまで歩いてきた道のりの長さに驚くだろう。出発地点がどこかもわからないほど、果てしなく感じるかもしれない。さらにここでは、

三ツ石山に近づくと大きな岩が目立ち始める

小畚山もまた岩手山の展望が素晴らしい

小畚山から三ツ石山へ向かう

三ツ石山へ向かう途中に小畚山を振り返る

三ツ石山のひとつ手前の無名ピークには標柱が立つ

三ツ石山の手前の鞍部にある三ツ沼

いよいよ最後のピークである三ツ石山をのぞむ

三ツ石山の山頂から歩いてきた道のりを振り返る

三ツ石山の山頂手前の岩場は、安全のために両手を使う

奥羽山脈最高峰の岩手山がひときわ大きく、凛々《りり》しい姿を見せてくれる。東側から仰ぎ見る端正な南部富士とは違い、荒々しさの中に気品が感じられる裏岩手の姿だ。

　このまま裏岩手縦走路を進んで行くと、岩手山の頂上にたどり着く。しかし、ここからさらに岩手山登頂を目指す場合、通常なら2泊3日の行程となる。体力や装備、天候だけでなく、避難小屋に宿泊する際の食事も必要だ。なかなかハードルは高いが、いつの日か、この東北屈指の大縦走路を踏破してほしい。

　三ツ石山からの絶景を後に、松川温泉への下山を開始する。ここから先は長い下り坂だ。三ツ石山荘の分岐を左に進み三ツ石山登山口を目指す。途中で現れる分岐は松川大橋へ向かうので注意し

小畚山から三ツ石山の間は強風、落雷に注意が必要だ

はっきりと全容を見せる岩手山

ハイカーでにぎわう三ツ石山の山頂

山頂を後にして三ツ石山荘を目指して下る

て右へと進む。ゴール付近は急な階段を下る。最後まで気を抜かず、足元に注意して進もう。

　前半と後半に分けて紹介した裏岩手縦走路は片道合計で約9時間30分もかかる。日帰りの場合は車での送迎が基本となるが、三ツ石山登山口周辺の松川温泉に宿泊して早期から行動を開始する計画を立てることができる。十分な装備や体調管理などをしっかり行い、ロングコースを安全に楽しんでほしい。

　裏岩手縦走路の前半部分と後半部分とで季節を変えて訪れることも考えてみたい。

　松川温泉から源太ヶ岳、三ツ石山を経てまた松川温泉に戻るルートは馬蹄形縦走と呼ばれ人気コースになっている。通り抜ける縦走の醍《だい》醐味《ごみ》はちもろん、周回できる縦走路としても楽しめるのが裏岩手縦走路だ。

周辺を湿原に囲まれた三ツ石山荘

避難小屋を囲む三ツ石湿原では季節の花が見られる

山小屋情報

三ツ石山荘（三ツ石山避難小屋）

三ツ石湿原に建つ避難小屋。近くに水場があるが、夏以降は涸れることが多く注意が必要。

- 収容人数 約15人
- トイレあり
- 無料解放
- 通年利用可

▶問い合わせ　八幡平市　商工観光課
TEL.0195-74-2111

＊コースマップ

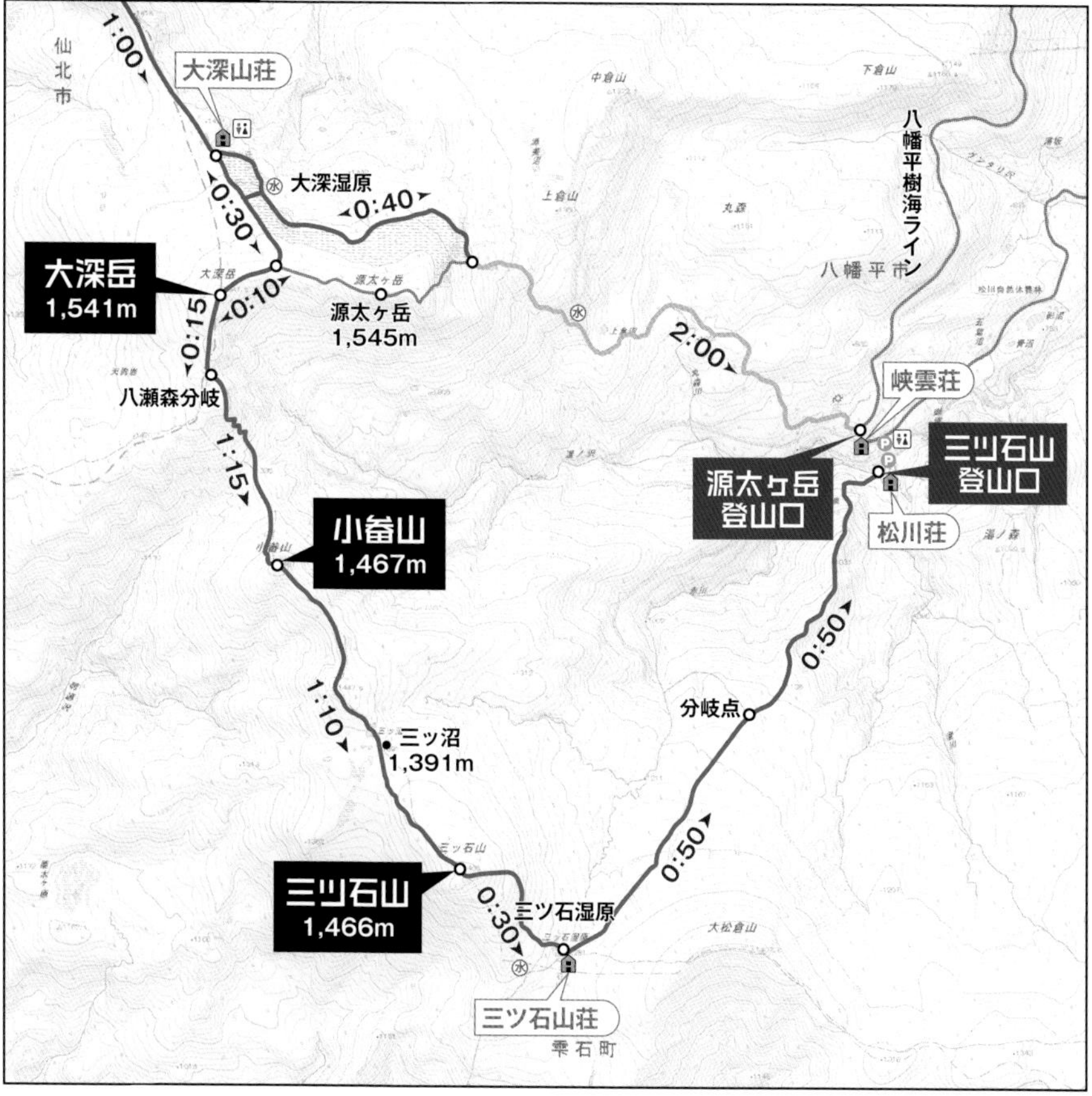

八幡平《はちまんたい》山頂《さんちょう》トレッキング

本州を代表する広大な湿原のひとつ
歩くこと、眺めることを満喫できるコース

八幡平登山口▼
周回（時計まわり）▼2時間00分

Hachimantai

八幡平には顕著な山頂がなく、最高標高点（1613メートル）は樹木に囲まれて展望がない。しかし、だからといって八幡平をつまらない山だと評するのは早計だ。実際に歩いてみれば、絶頂を持たないことが八幡平の特徴であり、最大の魅力だと実感するだろう。そこには十分すぎるほどの感動と高揚感が、ハイカーたちを待っている。

今回は八幡平山頂レストハウスそばの八幡平登山口から山頂を経て、八幡沼を周回するコースを紹介したい。登山口からは、コンクリートで舗装された道を歩く。すぐに分岐があり、鏡沼方面を目指して左手の登山道を進む。この短い道のり中でも、初夏には多くの高山植物が咲き、目を楽しませてくれる。

道が緩い登り坂になると、まもなく鏡沼が右手に見えてくる。例年、5月中旬から下旬頃になると、鏡沼の残雪がまるで瞳のような形に溶けていく。近年では「ドラゴンアイ」という名で親しまれており、多くの人たちが〝龍の開眼〟を見ようと訪れる。しっかりとした瞳の

八幡平山頂レストハウス越しに八幡平を望む

花と木道は八幡平らしさのひとつ

八幡沼と木道が連なる湿原

形になるかどうかは雪解け次第だが、一度は見ておきたい光景だ。

　鏡沼、メガネ沼と過ぎて、八幡平らしいオオシラビソの森を抜けて行くと、秋田側の大深《おおぶか》温泉から登ってくるコースと合流する。合流点を右折して間もなく、八幡平山頂へ到着。山頂はオオシラビソに囲まれているが、展望台からの眺めはすこぶる良い。

　展望台から石畳の道を歩き、ガマ沼、八幡沼を目指す。まず右手に現れるのがガマ沼で、その先の八幡沼展望台からは八幡沼の全景を見下ろせる。ここから眺める広大な湿原や周囲の山岳は、本州を代表する大湿原、尾瀬ヶ原の景色にも比肩するだろう。

　八幡沼展望台から陵雲荘という避難小屋が見えるので、そちらへ下るように進路を取る。小屋の前から木道が続いており、初夏には

近年人気を呼んでいる鏡沼の「ドラゴンアイ」

八幡沼の湖畔を歩く

ガマ沼を経て展望台を目指す

湿原と木道、高山植物がつくり出す八幡平の美しい景観

たくさんの高山植物が見られる場所だ。特にチングルマやヒナザクラは、小さい花ながらも湿原をにぎやかに彩る。盛夏には青々とした湿原と色とりどりの花が美しく咲き、秋になれば鮮やかな草紅葉が一面に広がっていく。

この湿原を横断する木道の途中に、距離は短いが湖畔を歩ける木道がある。右折すると、八幡沼の湖畔へ。そのまま進むと湿原に戻ることができ、風のない穏やかな日にのんびり歩くのもオススメだ。

八幡沼の東端まで来ると分岐があり、左手は源《げん》太森《たもり》や黒谷《くろや》地《ち》方面へ続く。ここでは右折して、八幡沼の南岸を目指す。大きく弧を描くように道が続き、進路が西へ変わる頃になると八幡沼が右手に見えてくる。ここにも湿原が広がっていて、季節の花々が美しい。

八幡沼南岸を経て、見返峠手前にある分岐

八幡沼南岸から陵雲荘を望む

やがて、オオシラビソの森に入ると登り坂になる。これまでは石畳や木道の歩きやすい道が中心だったが、ここからは登山らしい道のりとなる。

登り坂の先には分岐点があり、右折すると八幡沼の展望台、左折すると登山口へと続く。もう一度、八幡沼や湿原を見たい場合は、右折してすぐの展望台へ。左に進むと見晴らしの良い道となり、岩手山から八幡平に続く美しい山の連なりが見渡せる。登山道はアスピーテラインよりも高い位置にあるため見はらしが良く、特徴的な山容の畚岳《もっこだけ》の奥に秋田駒ヶ岳を望むこともできる。

そんな周回コースの白眉《はくび》とも言える景観をゆっくり堪能した後は、直角に南へ曲がるように続く道を進むと、ほどなくして出発地点の八幡平登山口に到着する。

八幡平を歩くと視界にはいつも岩手山が入る

秋の草紅葉もまた湿原を美しく彩る

オオシラビソに囲まれた頂上の展望台

素晴らしい眺望が広がる八幡沼展望台

山小屋情報

陵雲荘

八幡沼のほとりに建つ避難小屋。景観が良く、見返峠駐車場から50分ほどで到着する。

- 収容人数　約20人
- トイレあり
- 無料解放
- 通年利用可

▶問い合わせ　八幡平市　商工観光課
TEL.0195-74-2111

＊コースマップ

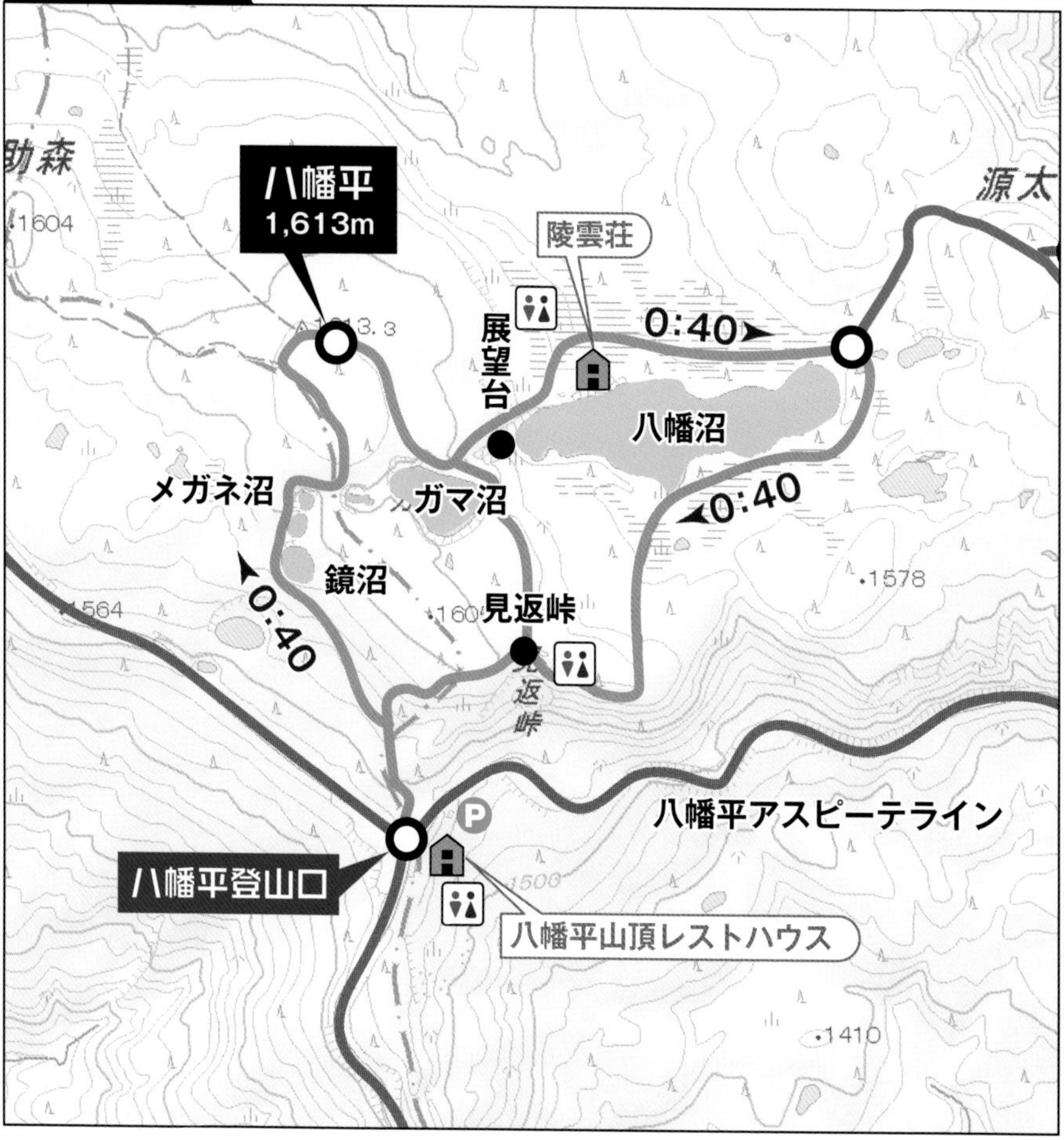

施設情報

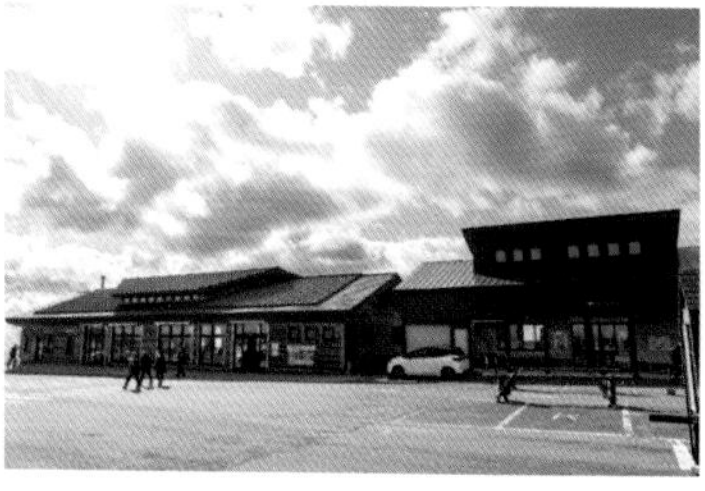

八幡平山頂レストハウス
八幡平パークサービスセンター

地上1階、地下2階建て。軽食コーナーや売店、自然観光情報コーナーなどがある。

●トイレあり
●利用時間　9時～17時
（夜間通行止め期間:16時30分まで）
●休業期間　11月上旬～4月中旬
▶問い合わせ　八幡平市観光協会
TEL.0195-78-3500

茶臼岳《ちゃうすだけ》・源太森《げんたもり》コース

花と大展望の魅力
八幡平の小さな縦走コース

茶臼口ー八幡沼分岐▼

登り▼3時間25分
下り▼3時間15分

Chausudake-Gentamori

このコースは裏岩手縦走路に比べて距離が短く標高差も小さいが、八幡平の大展望を得られるのが特徴だ。アスピーテラインと並行して登山道が続くため、体調不良や天候の変化によってはバスを使用して回避することもできる。

出発地点は茶臼岳《ちゃうすだけ》(1578メートル)の直下にある茶臼口で、駐車場とバス停がある。舗装路のすぐ脇に登山道があるため、少し驚くかもしれない。登り始めからきつい傾斜となるが、背後にそびえ立つ岩手山に背中を押されるような気持ちで足取り軽く進みたい。

登山道が木道に変わると、尖《とが》った茶臼岳の山頂が見えてくる。これから目指す頂が見えるのは、実に気持ちがいい。その山頂の北斜面を巻くようにして登っていくと、茶臼岳避難小屋が建つ広場に出る。山荘を背にして南側へ続くのが、茶臼岳山頂への道だ。木々の間をすり抜けるようにして進んで行くと、南側が大きく開けた茶臼岳山頂に10分ほどでたどり着く。南側は断崖になっているので、崖の際に近づきすぎないよう気をつけたい。ここからは岩手山と裏岩手縦走路に連なる山並みなどが見えるので、八幡平ならではの豊かな自然を心ゆくまで堪能しよう。

次に茶臼岳避難小屋まで戻り、茶臼口から登ってきた道とは反対側の左手へ歩を進める。登山道はオオシラビソの森に囲まれた緩やかな下り坂で、足元は石が多い。浮石や滑りやすい石に注意しながら進みたい。

下り坂が平坦《へいたん》になってくると、右手に湿原が現れる。これが黒谷地《くろやち》湿原で、6月

茶臼岳の山頂から岩手山を望む

アスピーテライン沿いにある茶臼口

登山道から見上げる茶臼岳の特徴的な姿

中旬頃からヒナザクラが一斉に咲き始める。登山道は湿原よりも低い位置にあり、ヒナザクラと青空を一緒に撮影できる珍しい場所だ。

やがて立派な作りをした黒谷地展望台が見えてくる。ここにも分岐があり、左に3分ほど進むと「熊の泉」と名付けられた湧き水があり、10分ほど行くと黒谷地のバス停に出る。この湧き水は冷たくておいしい水が流れ出ており、八幡平方面へ行く場合でも、ぜひ立ち寄りたい給水スポットだ。

黒谷地展望台を過ぎると登り坂になり、ところどころ階段状になっているものの、段数は多くなく足場も安定していて歩きやすい。登り坂が平坦になると再び分岐が現れるが、安比岳《あっぴだけ》へ続く右の道には行かず直進する。すると右手が大きく開けた緩い登り坂になり、茶臼岳の山頂以来の展望に心が踊る。その後、登山道は再びオオシラビソの森に入り、山頂へ続く分岐を右に登ると展望抜群の源太森《げんたもり》（1595《メートル》）に到着。茶臼岳山頂からは見えなかった八幡沼や、それを取り囲む湿原を一望できる。この箱庭のような景観は源太森ならではのもので、本コースにおける最高の展望地だ。

源太森へ登ってきた道を分岐点まで引き返し、八幡沼を目指して右折。ここで間違えて、黒谷地方面に戻らないよう注意したい。オオシラビソの森の中を進んでいくと登山道が木道になり、八幡沼を囲む湿原の東端に出る。先へ進むと分岐があり、右側の木道を選ぶと八幡沼の北岸を回って陵雲荘《りょううんそう》へ。八幡平山頂を目指す場合は、この道を進もう。分岐で左を選ぶと八幡

秋田駒ヶ岳、裏岩手縦走路も見える源太森からの展望

黒谷地湿原にはたくさんのヒナザクラが咲く

八幡沼にある展望台から源太森方面を眺める

黒谷地から源太森への登り

沼南岸を経て見返峠《みかえりとうげ》に出るが、その手前には陵雲荘方面に向かう分岐がある。（詳しくは八幡平山頂トレッキング＝P48＝を参照）

八幡平山頂レストハウスからはバスを利用して、黒谷地や茶臼口へ向かうことができる。

谷地湿原にある湧き水（熊の泉）

たくさんの花が見られる八幡沼東端の分岐

山小屋情報

茶臼岳避難小屋

茶臼岳山頂のすぐ近くにある避難小屋。安比高原方面と八幡平方面の分岐点でもある。

- 収容人数　約15人
- トイレあり
- 無料解放
- 通年利用可
- ▶問い合わせ　八幡平市　商工観光課　TEL.0195-74-2111

＊コースマップ

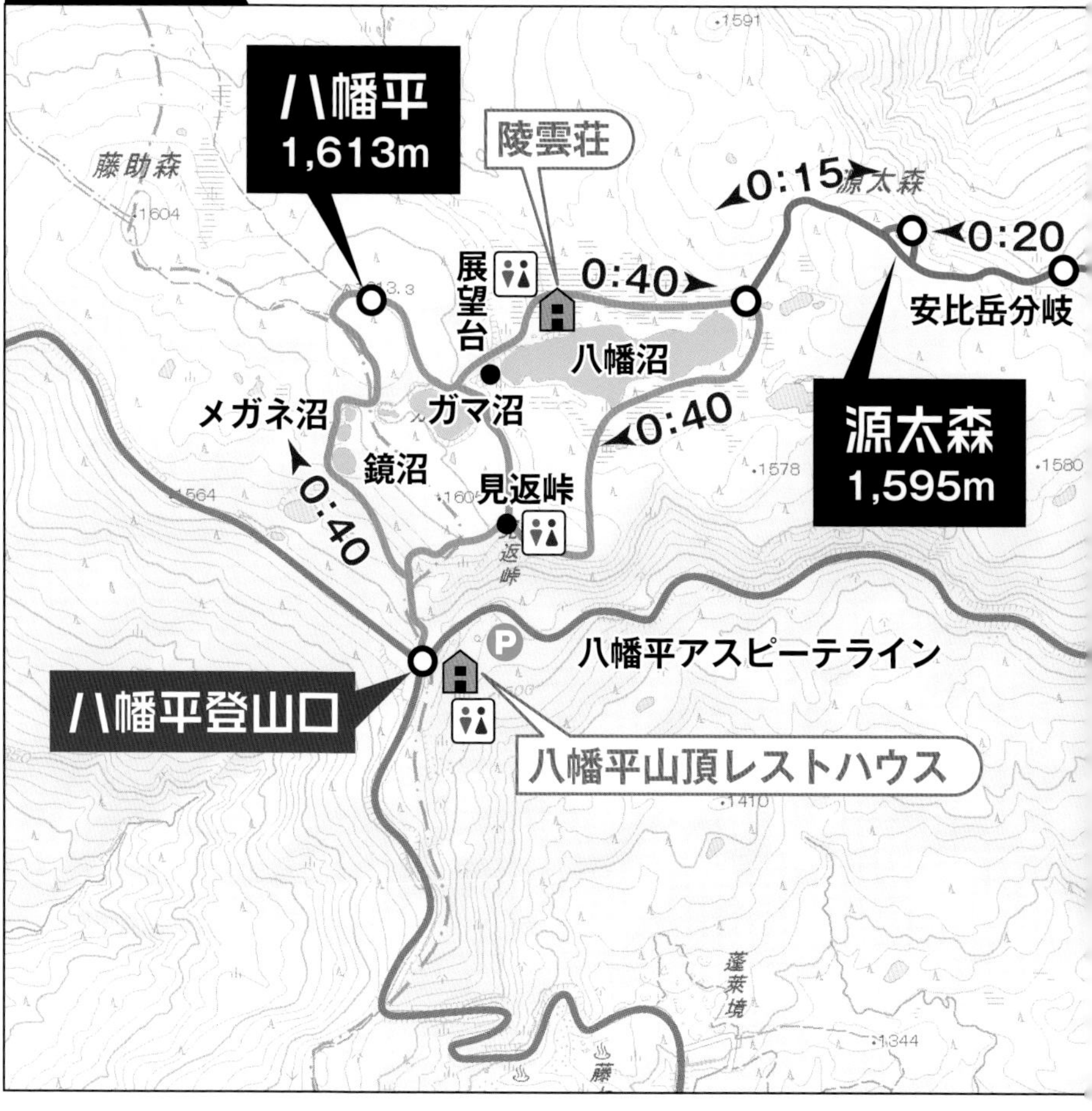

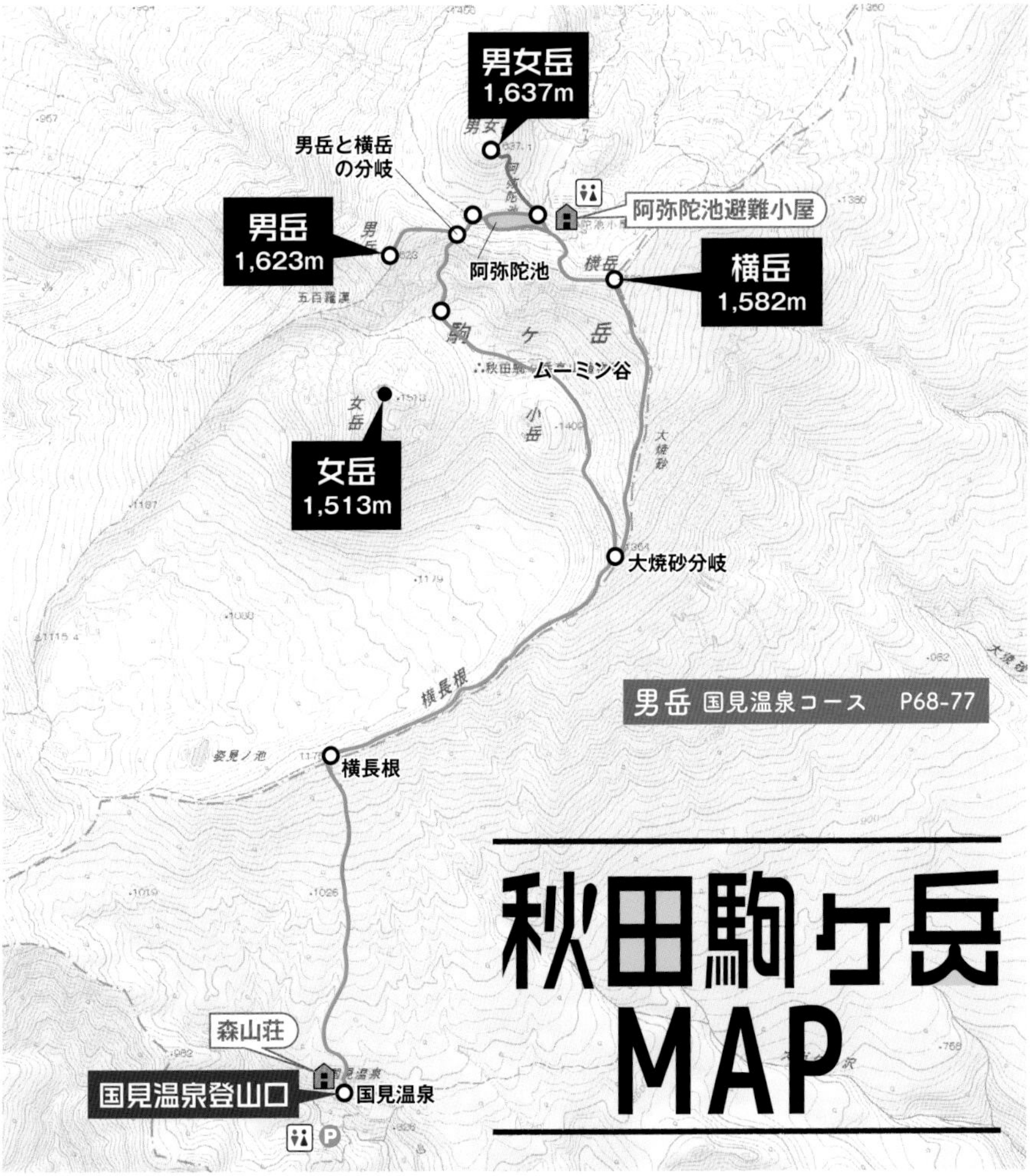

秋田駒ヶ岳・烏帽子岳 DATA

■標　　高：1637 メートル（秋田駒ヶ岳）
　　　　　 1478 メートル（烏帽子岳）

■成層火山・常時観測火山（秋田駒ヶ岳）／
　　　　　 成層火山（烏帽子岳

■奥羽山脈
日本二百名山／一等三角点百名山／
東北百名山（秋田駒ヶ岳）／日本三百名山／
東北百名山（烏帽子岳）

■主な登山コース
男女岳コース／男岳コース（秋田駒ヶ岳）
滝ノ上コース／烏帽子岳縦走コース（烏帽子岳）

秋田県の高峰である秋田駒ヶ岳（1637メートル）は、男女岳や男岳・女岳などの総称で、烏帽子岳とともに十和田八幡平国立公園に指定されている。現在も活発な活火山であり、頂上部の地形が絶えず変形していることも特徴として知られている。花の名山としても人気が高く、高山植物の宝庫となっているほか、ムーミン谷の絶景も人気が高い。

烏帽子（1478メートル）は、秘湯で名高い乳頭温泉郷の北東に位置し、登山のほか、温泉も楽しめるコース計画など、さまざまな楽しみ方ができる。

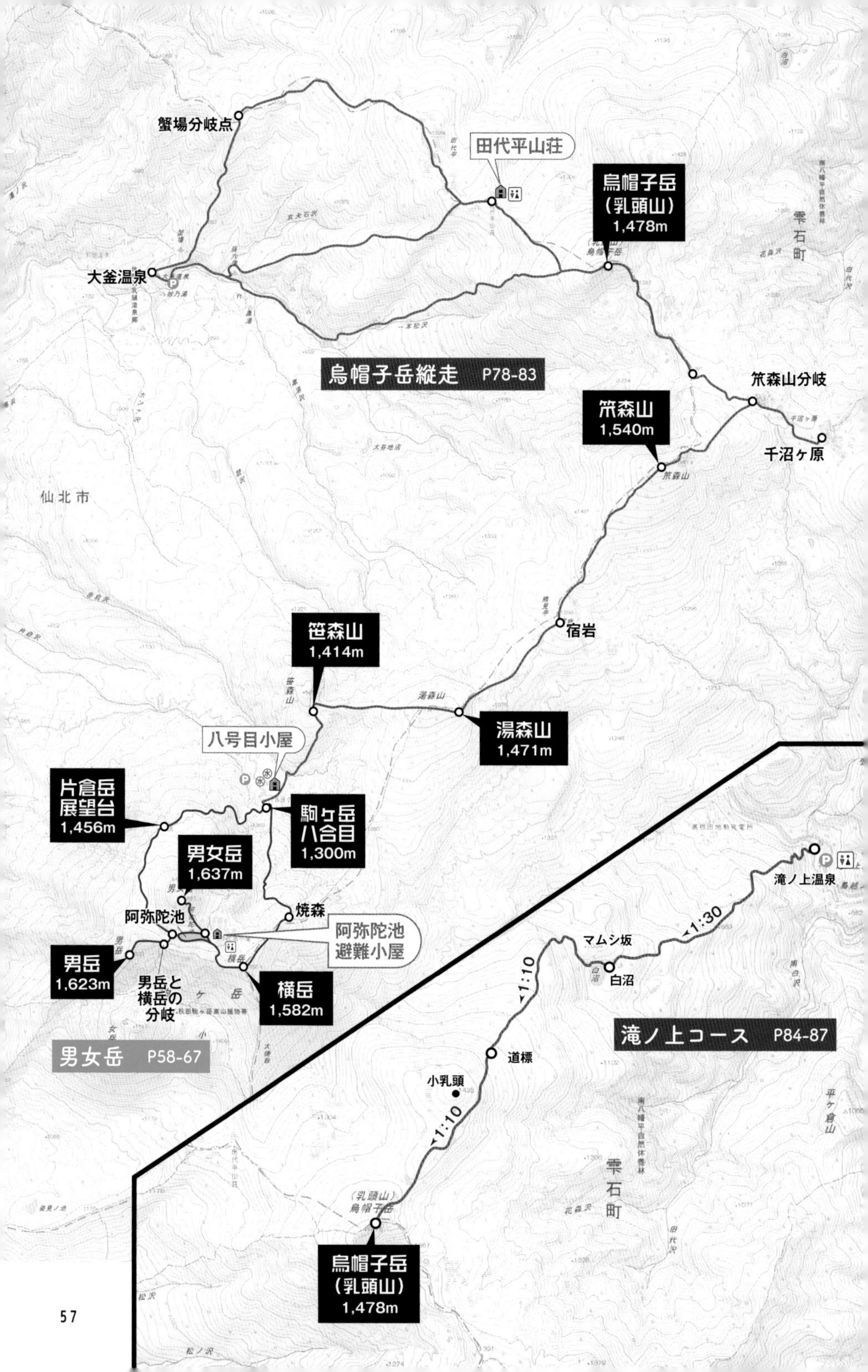
蟹場分岐点
田代平山荘
烏帽子岳
（乳頭山）
1,478m
大釜温泉
烏帽子岳縦走　P78-83
笊森山分岐
笊森山
1,540m
千沼ヶ原
仙北市
雫
石
町
宿岩
笹森山
1,414m
湯森山
1,471m
八号目小屋
片倉岳
展望台
1,456m
駒ヶ岳
八合目
1,300m
男女岳
1,637m
阿弥陀池
焼森
阿弥陀池
避難小屋
男岳
1,623m
男岳と
横岳の
分岐
横岳
1,582m
男女岳　P58-67
滝ノ上温泉
1:30
マムシ坂
白沼
1:10
滝ノ上コース　P84-87
道標
小乳頭
1:10
烏帽子岳
（乳頭山）
1,478m
雫
石
町

男女岳《おなめだけ》

季節を変え、順路を変えて何度も楽しめる
秋田駒ヶ岳最高峰の周遊トレイル

駒ヶ岳八合目—男女岳▼

登り▼2時間00分
下り▼1時間35分

Onamedake

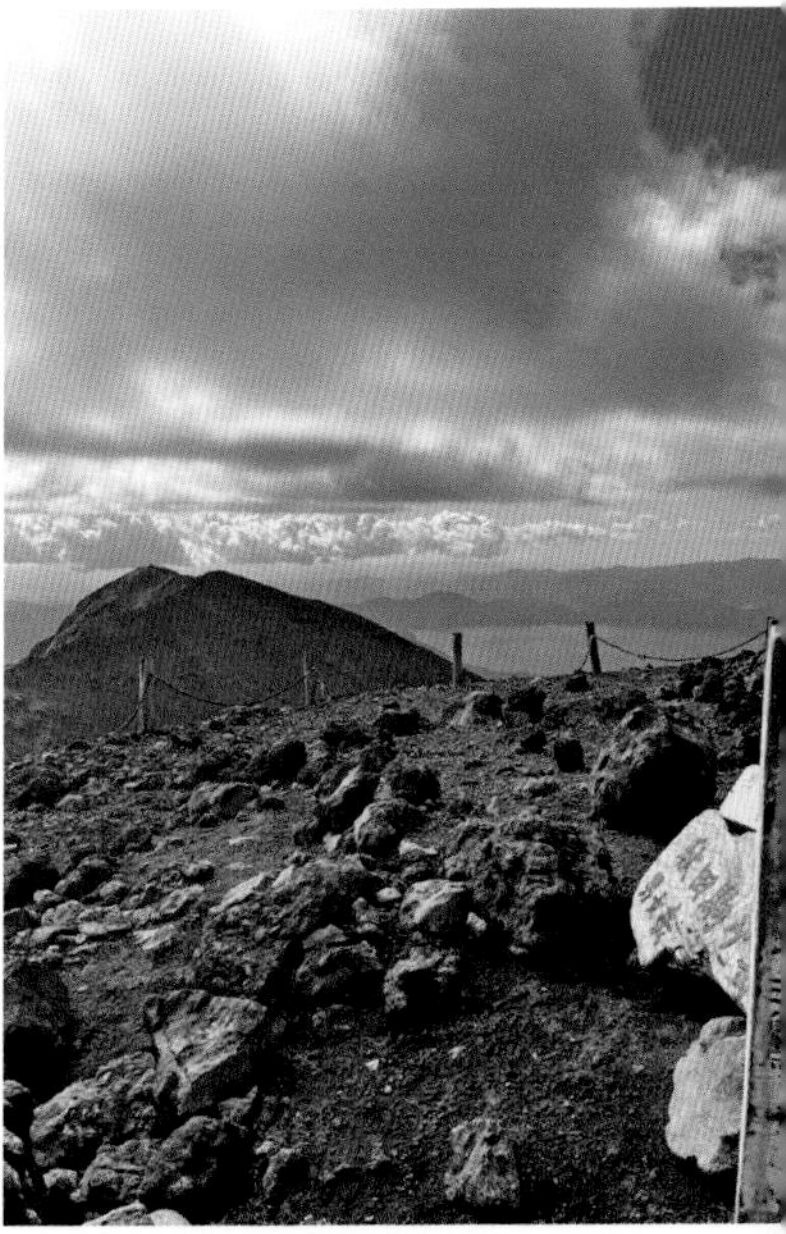

男女岳から男岳と田沢湖が見える

　秋田駒ヶ岳の最高標高点である男女岳《おなめだけ》（1637メートル）を中心とした周回ルートは、行きと帰りで違った表情の男女岳を眺めることができ、秋田駒ヶ岳の全方位の展望を楽しめる秀逸なコースだ。

　バスなどを利用して駒ヶ岳八合目に到着したら、トイレと避難小屋があるので、ここで出発準備を整えたい。八合目は三つの登山道の起点になっているため、間違えないよう注意が必要だ。まずは避難小屋を背にして

登山口の北を望む。視線の先には烏帽子岳

八合目登山口から男女岳を目指す

車道をまたぎ、「十和田八幡平国立公園　秋田駒ヶ岳付近案内図」がある場所へ向かう。男女岳を正面に望むこの場所が、本コースの登山口だ。

コンクリートの橋を渡り、男女岳を左に見ながら進むと旧道との分岐がある。ここでは右側の新道へ進もう。旧道との分岐を過ぎると視界が開け、眼下には八合目駐車場、振り返れば雄大な

正面に男岳を見るようになると阿弥陀池が近い

片倉岳の展望台から田沢湖を見下ろす

岩手山がこちらを見守っている。見晴らしの良い登山道を進んでいくと、田沢湖を見下ろす片倉岳展望台に到着。周囲は火山を思わせる赤い地面に覆われ、休憩用のベンチが設置されている。

緩やかに高度を上げていくと登山道は木道に変わり、その先に男岳《おだけ》（1623《メートル》）が見えてくる。国見温泉側から見える荒々しい姿とは変わり、こんもりとして柔和な表情を見せるのが印象的だ。

男女岳を左に、男岳を右に仰ぎ見ながら進んで行くと、阿弥陀池の南岸と北岸に向かう道に分かれる。どちらに進んでも良く、阿弥陀池に落ちないよう注意して木道を進む。

北岸の道を選ぶと、阿弥陀池避難小屋の手前から男女岳へ向かう道が左に伸びている。南岸を選んだ場合は避難小屋の前を通り過ぎてから、小屋を背にして右へ進む。

序盤は石畳、中盤からは階段状の登山道が続く。登るごとに高度感が増していき、男岳を見下ろせる高さまで来ると、そこが秋田駒ヶ岳の最高峰、男女岳の山頂だ。全方位の展望が得られ、秋田駒ヶ岳を構成するいくつものピークはもちろん、岩手山と八幡平の連なりや森吉山《もりよしざん》、岩木山《いわきさん》が望める。森吉山は男女岳から見て北西方向、岩木山は森吉山のさらにその先に見える。また、よく晴れた日に田沢湖を眺めると、視線のはるか先に鳥海山《ちょうかいさん》の秀麗な姿を見ることもできる。

山頂からの景色を堪能した後は、八合目登山口へ向けて周回路を進む。阿弥陀池避難小屋まで戻り、そこ

阿弥陀池避難小屋から男女岳をのぞむ

男女岳山頂に近づくと男岳を見下ろすようになる

男女岳直下のお花畑に囲まれた木道

高山植物の最盛期は多くのハイカーが木道を行き交う

阿弥陀池避難小屋から北に伸びる旧道は避けたほうが賢明だ

横岳へ登り、男女岳を振り返る

を過ぎたら横岳《よこだけ》（1582メートル）を目指して15分ほど登り坂を歩いて行く。横岳からは、それまで見えなかった小岳《こだけ》や横長根、馬場の小路（通称ムーミン谷）がよく見え、思わず「ヤッホー！」と叫びたくなる。

　この横岳は分岐となっているため、誤って南の横長根方面へ行かないよう注意したい。焼森《やけもり》（1551メートル）へ続く北側の道を選び、下った後の緩やかな登り返しを経て、15分ほどで焼森にたどり着く。火山らしい景観の焼森からは男女岳がよく見える。秋田駒ヶ岳ならではの端正な姿をした男女岳と、横岳から続く男岳への美しい尾根。さらに烏帽子《えぼし》岳《だけ》への縦走路や森吉山の山塊、岩手山と八幡平が織りなす山々の連なりまで眺めることができる。なお、焼森も分岐となっており、左の駒ヶ岳八合目方面へ進むこと。右のコースは湯森山《ゆもりやま》へ向かうので注意が必要だ。

　焼森からの美しい景色を後にして進むと、少しばかり急な下り坂が続く。距離は短いが、滑りやすいザレ道なので、落石を起こさないよう注意したい。下り坂が終わると道はなだらかになり、左に男女岳を見ながらその中腹を巻いていく。階段状の急な坂道を下った所に沢をまたぐ箇所があり、

秋田駒ヶ岳の晩秋は静けさに包まれる

目印はあるが、残雪や視界不良時には進む方向に十分な注意が必要だ。北へ数十メートル進んだ先の対岸に、登り坂の登山道が続いている。

この先は迷いやすい場所や難しい箇所はないが、段差の大きい所があるため、着地時に脚を傷めないように気をつけよう。

八合目の避難小屋が見えれば、ほどなくして出発した登山口に到着だ。

涸れた沢にある目印を頼りに八合目に進む

荒々しさと緑の豊かさが調和した男女岳の北面

花園だけでなく、木々の紅葉の美しさも秋田駒ヶ岳の魅力だ

阿弥陀池周辺は霧が立ち込めるとホワイトアウトになることがある

焼森から八合目へ向かう際に見える男女岳北東面

山小屋情報

阿弥陀池避難小屋

阿弥陀池の湖畔にあり、池は約20分で周遊できる。近くにニッコウキスゲの群生地がある。

- ●収容人数　約20人
- ●トイレあり（無雪期は水洗 /100 円・積雪期は無料）
- ●無料解放
- ●通年利用可

▶問い合わせ　仙北市田沢湖観光情報センター
フォレイク
TEL.0187-43-2111

＊コースマップ

施設情報

アルパこまくさ

田沢湖高原温泉郷にある施設。秋田駒ヶ岳マイカー等規制のため、駒ヶ岳八合目へはここからバスを利用するとよい。

●トイレあり
●無料解放
●利用時間　9時〜17時
●休館日　木曜
▶問い合わせ　仙北市田沢湖観光情報センター
フォレイク
TEL.0187-43-2111

男岳《おだけ》 国見温泉コース

新緑から晩秋まで楽しめる
岩手県側唯一にして屈指の人気コース

国見温泉登山口ー男岳山頂▼

登り▼3時間30分
下り▼2時間40分

Odake

国見温泉は、岩手県から秋田駒ヶ岳に向かう唯一とも言える登山口だ。秋田県側にある八合目からのルートと比べると、標高差が大きく距離も長い。それでも秋田側ルートが冬期間閉鎖されるのに対し、国見温泉からの登山道は、5月に見られるみずみずしい新緑や残雪に始まり、木々が落葉した晩秋まで長い期間楽しめるのが特徴だ。

美しいエメラルドグリーンのお湯で知られる国見温泉。温泉宿の石塚旅館と森山荘は冬季間休業するが、シーズン中は湯治客や登山客らでにぎわう。石塚旅館の手前に登山者用の駐車場があり、トイレも備えつけられている。登山者はここから森山荘の脇にある登山口まで舗装路を歩いていく。ただし高山植物や紅葉が見頃を迎える頃になると、休日の駐車場はあっという間に満車になる。その場合は手前にある国見温泉キャンプ場前の駐車スペースを利

男女岳に次ぐ秋田駒ヶ岳第二の峰「男岳」

用すること。
２軒の温泉宿の前を過ぎ、登山口への階段を登る。入り口には秋田駒ヶ岳周辺の大きな地図があり、登山届の投函《とうかん》箱が置かれている。序盤は螺旋《らせん》階段のような段差のある道を登っていくのだが、初夏になると付近にたくさんの花が咲き、登山客を華やかに出迎えてくれる。

やがて登山道はブナの森に入り、東北の山らしい姿に変わっていく。所々に木道や階段があるが、老朽化した箇所があるので、踏み外したり転倒したりしないよう注意したい。いくつかの階段を過ぎると急坂が現れ、それが階段状になるとさらに傾斜が増す。背後には貝吹岳《かいぶきだけ》方面が開けて見えるので、苦しいときにはこ

石塚旅館の手前にある登山者用の駐車場とトイレ棟

森山荘の手前から登山口への階段を登る

序盤の樹林帯はところどころ木道や木の階段がある

横長根と金十郎長根との分岐点は休憩にちょうどいい

の景色を眺めて息を整えよう。

　階段を登り切ると、金十郎長根と横長根の分岐点となる平らな場所に出る。ここは水分や栄養補給、レイヤリング（気温に応じた重ね着）を整えるなど、休憩に利用するのがおすすめだ。

　この先は横長根を歩くため、分岐を東（右）側に進む。しばらくは平坦《へいたん》路のような緩い傾斜が続き、15分ほど歩くと木々の間から展望が得られるようになる。登山道の傾斜が増すごとに視界が開け、小岳《こだけ》（1409メートル）や女岳《めだけ》（1513メートル）、田沢湖が見えるようになると大焼砂《おおやけすな》の分岐が近い。これまでの樹林帯や灌木《かんぼく》帯とはうって変わって、火山的な景観が色濃くなる。

　褐色《かっしょく》の山肌に続くトラバース道の入り口は、上手《かみて》と下手《しもて》にある。分岐からは

ムーミン谷の木道が終わり、男岳南東面の急坂が始まる

男岳南東面の急坂では、時に手を使うほどだ

花の季節の始まりは雪が残る

秋田駒ヶ岳を構成するいくつものピークが見え、標高1400メートルほどの場所だが高山的な雰囲気に包まれる。その分岐点を左折し、大焼砂のトラバース道を西へ進む。この辺りは梅雨時期になるとコマクサが一斉に開花して見頃を迎える。

やがて褐色の山肌が灌木に変わると、いよいよ秋田駒ヶ岳屈指の景勝が見えてくる。多くの登山客が「ひ

秋田駒ヶ岳の代名詞とも言えるムーミン谷のチングルマ

馬場の小路に連なる木道

男岳へ登る途中に阿弥陀池を振り返る

と目見たい」と憧《あこが》れるこの場所は、「馬場の小路」という本来の名前よりも「ムーミン谷」という通称が定着している。実際に訪れれば、その呼び名に納得するだろう。

木道が敷設《ふせつ》されたムーミン谷は、男岳《おだけ》（1623《メートル》）と女岳の鞍部《あんぶ》手前まで続いている。初夏には男岳を中心とした岩壁を背景に、青空の下でチングルマが一面に開花して幻想的な風景を作り出す。チングルマはバラ科の小低木で、紅葉期には赤く色づく。かたがり泉水《いずみ》や駒池の水面に映る景色も秋田駒ヶ岳ならではの景観だ。静かに水蒸気を上げる女岳が、より一層ムーミン谷の魅力を引き立てている。

美しい光景に心奪われながらも歩を進めると、ムーミン谷の終点である男岳と女岳の鞍部に着く。いよいよこの先は、秋田駒ヶ岳の登山道随一の急坂が待ち受けている。

ガレ場でもあるこの道は、落石を発生させないよう、またほかの登山者が起こす

山麓が初夏の頃、遅い春を待つ残雪の男岳

チングルマは紅葉期には赤く染まる

落石にも十分注意が必要だ。できるだけ速やかに通過したいが、息が乱れたまま進んで足の置き方が雑になってはいけない。休憩する際は必ず上方を確認し、落石事故の危険が少ない場所で待機するよう心がけたい。

　この難所を登り切ると、馬の背と男岳の鞍部に出る。男女岳《おなめだけ》と阿弥陀池《あみだいけ》を望むことができ、乱れた息を整えたり、ウェアの調整をしたりするのにちょうどいい場所だ。

　ここから先は、左側にある登山道を登る。花の季節には、どこを見ても多くの高山植物がかれんな姿を見せてくれる。やがて視界が開けてくると、いよいよ男岳の山頂だ。眼下に田沢湖を望むピークからの景色は実に素晴らしく、秋田駒ヶ岳の最高標高点である男女岳とは違った美しさがある。

水蒸気の上がる女岳を望む

男岳南東面の急坂からムーミン谷を見下ろす

荒涼とした大焼砂を過ぎると絶景とお花畑が待っている

細尾根を登り男岳の頂を目指す

季節が変われば花も変わる

鋭角にそびえる男岳を南から仰ぐ

残雪期の男岳へは、ムーミン谷からではなく横岳経由が安全だ

金十郎長根に目をやると五百羅漢の岩壁が見える

特に女岳や五百羅漢《ごひゃくらかん》の荒々しい姿は、男岳山頂ならではの醍醐味《だいごみ》だ。

復路は往路を戻るよりも、阿弥陀池に下りて横岳から大焼砂を経由して戻るルートを選びたい。こちらの方がより安全で、トイレの利用も可能だ。

横岳から大焼砂に下れば、登ってきた横長根に通じる

横岳から下る途中に男岳とムーミン谷を振り返る

＊コースマップ

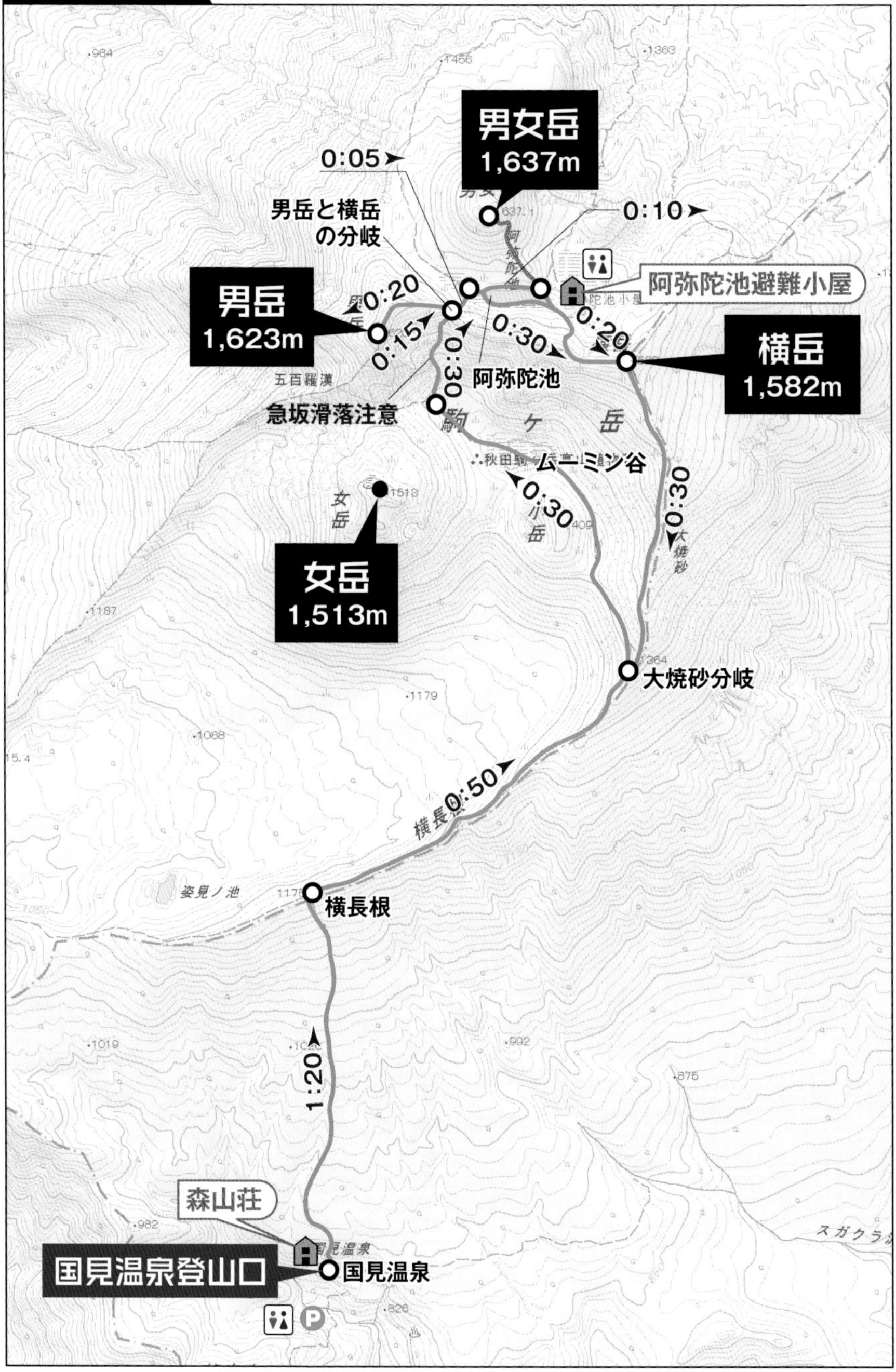
男女岳
1,637m
0:05
男岳と横岳
の分岐
0:10
阿弥陀池避難小屋
男岳
1,623m
0:20
0:15
0:30
0:30
0:20
横岳
1,582m
五百羅漢
阿弥陀池
急坂滑落注意
駒ヶ岳
ムーミン谷
0:30
0:30
女岳
1,513m
大焼砂分岐
0:50
横長根
姿見ノ池
1:20
森山荘
国見温泉登山口
国見温泉
スガクラ

烏帽子岳縦走《えぼしだけじゅうそう》

ゴールは秋田・大釜温泉
大展望と湿原が待つロングコース

駒ヶ岳八合目ー大釜温泉▼

千沼ヶ原経由▼7時間50分
下り▼7時間00分

Eboshidake juso

烏帽子岳《えぼしだけ》（乳頭山《にゅうとうざん》1478メートル）の縦走路は、下山場所を乳頭温泉郷に定めると路線バスを使って計画的に楽しむことができる。

出発地点は秋田駒ヶ岳の八合目駐車場。ここは登山口が3カ所あり、注意が必要だ。一つは秋田駒ヶ岳の焼森《やけもり》へと南下するコース、いったん駒ヶ岳の西側を通って阿弥《あみ》陀《だ》池を目指すコース、そして駐車場から一番近い登山口が、烏帽子岳を目指す縦走路の出発点となる。標柱に書かれた山名などを確認してスタートしよう。

最初に目指すのは笹森山《ささもりやま》（1414メートル）だ。木道から始まる登山道は、沢を歩いて渡る渡渉点《としょうてん》まで下りが続く。沢の近くは足元が不安定なため注意が必要だが、初夏から盛夏にかけて多くの花々が見られる。また、6月下旬頃までは残雪もある。

沢を渡った対岸に、笹森山の南斜面を登る木道の階段が続いている。この辺りは登山道沿いだけでなく広い範囲で高山植物が咲き、花の山を歩いていることが実感できる。高い木々はなく、空の広さを感じているうちに登山道は高度を上げていく。気がつけばスタート地点の駐車場は遠のき、男女岳《おなめだけ》の高さまで近づいている。

登山口から50分ほどで、笹森山頂の分岐に差し掛かる。山頂までは片道200メートル、時間にして5分程度なので、余裕があれば立ち寄りたい。先を急ぐ場合は、そのまま分岐を東側に下って湯森山《ゆもりやま》（1471メートル）を目指す。すぐに分岐が現れるが、北に続く道は乳頭温泉へ下山する

縦走路から北に烏帽子岳を見る

烏帽子岳山頂からの絶景

縦走路から眺める烏帽子岳(左)

ルートになる。ここは間違えないよう、東進するように湯森山への登りを進む。

　笹森山から下ってきた以上に登り返すと、湯森山の山頂広場に到着する。秋田駒ヶ岳方面の景色が見られ、少し先に進めば八幡平方面も一望できる場所がある。これから進む縦走路も見渡せるので、登山者にとってはワクワクするポイントだ。

　この先は緩やかな下りとなり、じきに湿原へ出る。木道の先に見える大きな岩塊は「宿岩《やどいわ》」と呼ばれるもので、この付近から笊森山《ざるもりやま》（１５４０メートル）への登りになる。笊森山は烏帽子岳よりも標高が高く、宿岩から小一時間の登りは本コース中盤の頑張りどころだ。

　たどり着いた笊森山の山頂は展望が良く、特に烏帽子岳の南面にある断崖《だんがい》の迫力は、ここに立った者にしか味

いくつものお花畑を越えて縦走路が続く

わえない特別な景色。体力や時間に余裕がある場合は、150《メートル》ほど下った千沼《せんしょう》ヶ《が》原《はら》にも立ち寄りたい。笊森山から先の縦走路へ進むと分岐路があり、東(右)に下ると千沼ヶ原が現れる。

　千沼ヶ原は、乳頭温泉側の田代平《たしろたい》と並ぶ広大な湿原だ。湿原は火山活動の後に、気の遠くなるような長い年月を経て形成されるが、低いところには水がたまるようになる。水たまりはいつしか大きくなり、水をたたえた池塘《ちとう》へと成長する。池塘の水面に映る青空や雲の姿は高山植物と並ぶ湿原の魅力だ。

　いくつもの池塘を抱える千沼ヶ原は、雪解けとともにたくさんの花々が一斉に咲き誇る。特に笊森山から下って行くときに見下ろす景色は、雄大な岩手山との競演が見られ、息を飲むほど美しい。

　ただし、笊森山から千沼ヶ

奥に岩手山、眼下に千沼ケ原を望む

原を経由して縦走路に戻るには往復1時間程度かかるため、日没時刻を考慮した上で訪れよう。千沼ヶ原に立ち寄らず先へ進めば、合流点まではで20分ほど。ここを過ぎると登山道はなだらかになり、緩やかなアップダウンを繰り返すごとに烏帽子岳の山頂が迫ってくる。

やがて烏帽子岳山頂部の登りに入ると、滝ノ上温泉からの登山道と合流する。南に笊森山を見ながら進むのだが、ここは少し急な登り坂。ときどき振り返り、岩手山を眺めながら息を整えたい。板状に割れた岩石が目立つようになると、いよいよ烏帽子岳の山頂だ。その頂は360度の展望に優れ、北東には岩手山と八幡平方面の山の連なり、西には美しくそびえ立つ森吉山《もりよしざん》が見える。振り返れば秋田駒ヶ岳の裾《すそ》に田沢湖が、眼下には田代平の広大な

笊森山に向かう途中、たどってきた道を振り返る

池塘が点在する千沼ケ原

笊森山を過ぎ、烏帽子岳に向かって進む

湿原と田代山荘も見下ろせる。烏帽子岳の山頂は、大自然が作り出す素晴らしい景観が堪能できる第一級の展望地だ。

心ゆくまで絶景を味わったら、下山は乳頭温泉郷を目指す。下山路は三つあり、それぞれ黒湯温泉、孫六温泉、大釜温泉へと下っていく。どれも同じくらいの時間で下山できるが、ここでは田代平を楽しみながら行く大釜温泉の道を紹介しよう。登ってきた道と反対側、田沢湖が見える方向に進路を取る。下り始めると間もなく黒湯温泉への分岐が現れるので、右側の登山道を進む。所々、古い木道や刈り払いのタイミングによって足元が見えにくい場所があるので、十分注意が必要だ。

背の高い樹木が増え、傾斜が緩くなると田代平山荘が近い。池塘の前に建つ田代平山荘は、トイレが利用できるので立ち寄っておこう。山荘を過ぎると間もなく孫六温泉に下るT字分岐があり、これを右折して田代平の中へと続く木道を進んで行く。ここから振り返って烏帽子岳を仰ぎ見ると、こんもりと柔らかい印象の山に見える。

季節の花を楽しみながら進んで行くと、樹林帯の下り坂になる。足場はしっかりしているが、時折、急な斜面もあるので注意して進みたい。その後、なだらかな道をしばらく進むと蟹場《がにば》分岐点が現れるので、左折して蟹場温泉へ下る。ここを直進すると鶴の湯方面になり、戻るのに苦労するので注意しよう。

尾根上の登山道を下ると、地図には30分程度で分岐点に出ると書かれている。しかし孫六温泉方面はやぶに覆われていて進むことができず、分岐に気が付かない可能性もある。分岐点を過ぎてそのまま道なりに西へ進んで行くと、目的地の大釜温泉に到着。すぐ近くにバス停があるので、バスの時間をチェックしたら源泉かけ流しの湯に浸《つ》かって疲れを癒やそう。

山小屋情報

田代平山荘

高層湿原の中に建つ山荘。目の前に池塘があり、晴れると乳頭山を仰ぎ見ることができる。
- 収容人数　約20人
- トイレあり
- 無料解放
- 通年利用可

▶問い合わせ　仙北市田沢湖観光情報センター　フォレイク
TEL.0187-43-2111

いよいよ烏帽子岳が眼前に迫ってきた

烏帽子岳を背に田代平の湿原を進む

長い縦走の果て、いよいよ烏帽子岳の山頂を踏む

＊コースマップ

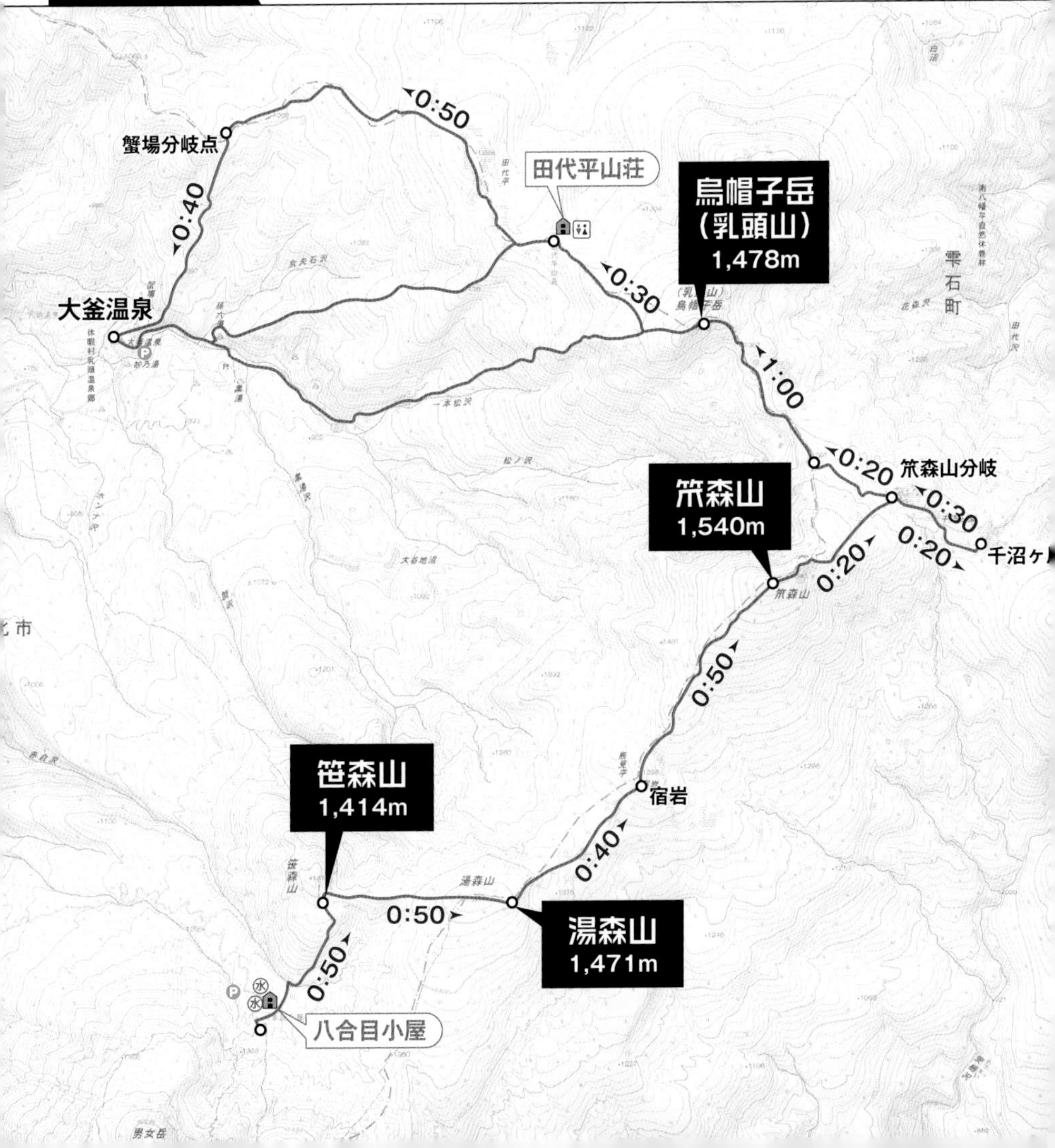

滝《たき》ノ《の》上《うえ》コース

長い道のりながら飽きることのない
お花畑と大展望の道

滝ノ上登山口ー烏帽子岳▼

登り▼3時間50分
下り▼2時間40分

Takinoue

その特徴的な山容から烏帽子岳と呼ばれているが、西側の地域からは乳頭山の名で親しまれている。山名も違えば、その姿も大きく異なる。岩手県からは、どの登山口から登っても烏帽子の名に相応しい凛々《りり》しい姿を仰ぎながら、その頂を目指すことができる。

雫石町西部の葛根田《かっこんだ》川に沿って上流に向かうと、岩壁に掘られたトンネルの先に滝ノ上温泉がある。広い駐車場とトイレがあるので、ここで出発準備を整えたい。

登山口は駐車場の前後にあり、どちらを選んでも３００メートルほどで一本の道に交わる。最初の40分程度は斜面が急だと感じるかもしれないが、休憩を挟みながら自分のペースで進んでいこう。

その先にあるブナ林は気持ちの良い木陰があり、傾斜こそあるものの歩きやすい。20分ほど進むと、一度視界が開けて背後に三ツ石山《みついしさん》が顔を出す。そこから先は、また樹林帯を進んでいく。

烏帽子岳とすぐにわかる特徴的なその山容

烏帽子岳山頂から歩いてきた道を振り返る

白沼の静かな湖畔

岩手山と白沼を振り返ると高度感が得られる

　モリアオガエルの繁殖地として知られる白沼《しろぬま》が近づくと、傾斜は緩く道幅も広くなる。登山口から約2キロ、90分ほどで到着するこの沼は平坦《へいたん》な場所なので、行動食を食べたり装備を整えたりと休憩に利用したい。いよいよこの先には、滝ノ上コースの核心とも言える急坂が待っている。

　白沼の北岸に続く登山道は、危険な場所こそないが足元には注意が必要だ。やがて湖畔からの道が西へ進路を変える頃、急坂が始まる。ここでは落石に注意し、呼吸が乱れてしまわないよう落ち着いて登ろう。足場の良い所で立ち止まり、背後にある三ツ石山を眺めながら息を整えるのもいいだろう。

　急坂の途中に現れるザレた斜面では、前後の人との距離や落石に注意しながらトラバース気味に登る。ここを過ぎると、今度は段差のある急斜面になるので、滑落や転落に注意し、岩を手でつかむなど安定した姿勢で進みたい。ようやく登り切って振り返ると、驚くほど下に白沼が見える。距離が短い分、登ってきた高度に驚くだろう。

その先に続く緩やかな道を進んでいくと、木道が敷設《ふせつ》された小さな湿原に到着する。登山道は前方の斜面に続いていて、湿原を過ぎると沢状になり、滑りやすい石が足元に転がっている。転倒しないよう、一歩ずつ慎重に進む。

ここを抜けると、山腹をトラバースする緩やかな道が続く。ここでは疲れが吹き飛ぶような素晴らしい眺望が出迎えてくれ、岩手山や裏岩手縦走路の山並みを背に、季節の花々を楽しみながら歩くことができる。これを登り切って初めて目にするのが、烏帽子岳《えぼしだけ》の特徴的なピークだ。鋭角にそびえ立つ姿は、まさに烏帽子そのもの。低木ばかりが生える灌木《かんぼく》帯に続く道は、緩やかな傾斜でとても歩きやすい。山頂に近づいていくのを肌で感じながら、

木道の先に小乳頭を仰ぐ

迫る烏帽子岳に心躍る

小乳頭中腹に広がるお花畑とトラバース道

一歩ずつ歩を進める。
池塘《ちとう》がある湿原を両脇に見ながら進むと、やがて笊森《ざるもり》山《やま》方面からの登山道と合流する。ここから烏帽子岳山頂までが、最後の急坂。南側の笊森山と、南西の秋田駒ヶ岳を眺めつつ慎重に登る。危険な箇所はないが、山頂の南にある断崖には少しばかり恐怖心を抱くかもしれない。

烏帽子岳山頂は、岩が板のようになった板状節理《ばんじょうせつり》の鋭峰で、対峙《たいじ》する青々と丸みを帯びた笊森山とは対照的。山頂に立って周囲をぐるりと見渡すと、秋田駒ヶ岳の右脇には田沢湖、北西斜面を見下ろせば千沼ヶ原《せんしょうがはら》と並ぶ広大な湿原・田代平《たしろたい》、さらに奥には森吉山《もりよしざん》が見える。ほかにも北東に奥羽山脈最高峰の岩手山と、その連なりに八幡平も一望できる。

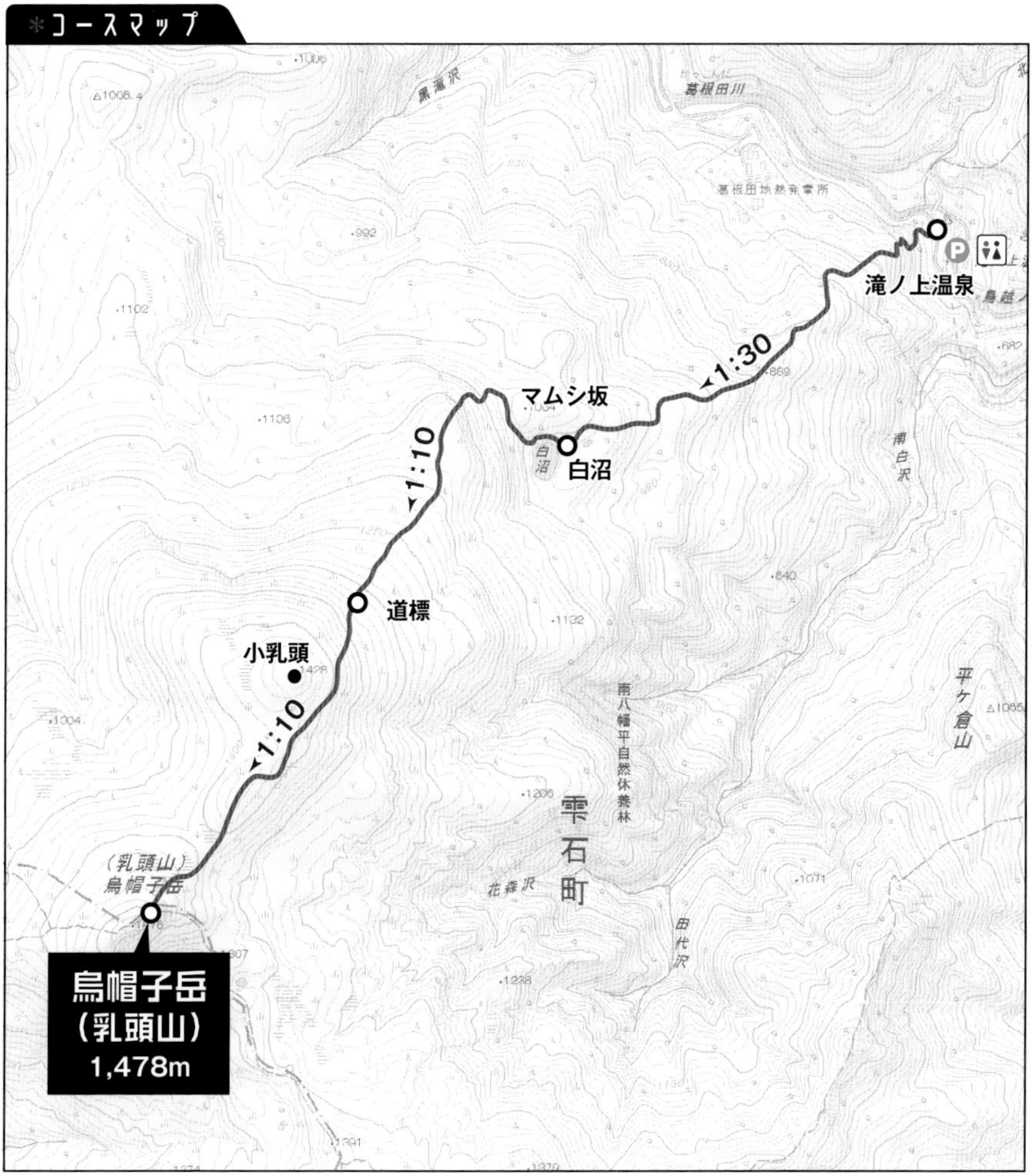

登山を楽しむために

クマに注意！
クマの目撃情報が多く寄せられているので、鈴をつけるなど、クマよけ対策を忘れずに。

自然を守ろう
高山植物の盗掘はもちろん、写真に収めようとコース外に出る行為も厳禁。足元の植物を踏んだり、ポールで傷つけたりしない配慮も必要だ。ゴミもすべて持ち帰ること。

ペットを連れての登山もしないこと。

携帯電話を過信しない
山は電波が届かない場所が多い。万が一に備え、登山届を提出してから入山すること。しっかり登山計画を立て、装備を整えることも大切。日没が早い時期は早めの下山を心がけよう。

引き返す勇気を
体調に異変を感じたり、天候が急に悪化したりしたときは速やかに引き返し、来た道を戻ること。

明るい時間に下山完了できるよう、余裕を持った登山計画を立てよう